MUNICIPALITÉ DE PARIS.

SECOND RAPPORT
SUR LES SUBSISTANCES
ET APPROVISIONNEMENS,

Lu au Confeil - Général de la Commune,
le 13 Janvier 1792,

PAR M. REGNAULT, Officier Municipal, l'un
des Commiffaires.

IMPRIMÉ par ordre du Confeil-Général.

MESSIEURS,

LES Approvifionnemens de Paris font depuis long-
temps un des objets de votre follicitude. Vos foins
avoient déjà précédé les allarmes de la Capitale ; &

A

quand des cris s'élevérent fur la crainte de voir revenir
la difette, non-feulement vous avez voulu l'éloigner
pour toujours, mais vous avez cherché des moyens qui
en éloignaffent jufqu'à l'idée, en éclairant cette partie
fi effentielle de l'Adminiftration, & en faifant paffer
jufques dans la maffe des citoyens la certitude des principes par lefquels vous voulez affurer les Subfiftances de
la Capitale.

Après avoir appellé autour de vous les lumières des
hommes les plus inftruits dans cette partie ; vous avez
nommé des Commiffaires pour vous faire le rapport
des Mémoires qui vous ont été adreffés. La difcuffion
s'eft établie pendant plufieurs féances, & plufieurs
Membres ont fait part de leur opinion au Confeil.

Vos Commiffaires vous ont demandé l'adjonction de
ces Membres pour former un Comité général qui éta-
blît une férie de queftions, pour les éclaircir par une
difcuffion profonde, & vous préfenter un projet d'Arrêté.

Votre Commiffion a employé tous fes inftans pour
remplir vos vues & fatisfaire à l'attente du public. Nous
croyons devoir vous préfenter la férie des queftions que
nous avons établies & réfolues, afin de vous conduire
au projet d'Arrêté que nous vous foumettrons.

1° Le Commerce feul, en général, abftraction faite
de toutes les circonftances, peut-il approvifionner Paris?

2° Doit-on procurer des moyens d'encouragement au
Commerce, pour l'engager à approvifionner Paris abondamment?

3° Quels font ces moyens d'encouragement?

4° Indépendamment de tous les moyens d'encoura-

gement, doit-on s'occuper des moyens de prévoyance
pour les circonstances où le Commerce ne fournira pas
suffisamment?

5° Quels feront ces moyens?

Nous allons reprendre ces questions chacune en par-
ticulier, pour y répondre le plus briévement possible.

Le Commerce seul, en général, abstraction faite
de toutes circonstances, peut-il approvisionner Paris?

Nous ne craignons pas d'assurer que cette question est
déjà résolue par l'expérience & par la théorie des principes. La presque totalité des mémoires, comme nous
l'avons déjà dit, est pour l'affirmative. Amsterdam &
Londres, deux des plus grandes villes de l'Europe,
abandonnent, depuis des siècles, le foin de leurs ap-
provisionnemens au Commerce seul; & dans les temps de
calamités, c'est encore par le Commerce que ces deux
Villes fourniffent aux befoins des autres contrées. Si nous
ne confultions que l'expérience des Peuples, la question seroit donc résolue par le fait; mais cette matière
étant de la plus haute importance, nous croyons devoir
l'environner de toutes les raifons qui peuvent & doivent
l'éclaircir. Ces raifons fe trouvent dans la nature & dans
la marche même du Commerce.

D'une part c'est le befoin, & de l'autre l'abondance,
qui lui donnent la vie & forment fon effence : l'intérêt
qui est le mobile général des actions humaines, engage
le pays qui furabonde dans fes productions, à en verfer
le furplus dans celui qui en manque. Ce verfement fe
fait en communiquant de proche en proche, jufqu'à ce
que les profits qui en réfultent excitent une claffe d'hom-

mes à chercher fon intérêt, en s'y confacrant entièrement. Delà les Marchands de bleds qui s'établiffent
intermédiaires entre les Fermiers qui poffèdent la denrée
& ceux qui en ont befoin. Le Marchand fait des tranf-
ports à de longues diftances, par-tout où le befoin l'ap-
pelle ; il a calculé les avantages ; c'eft dans cette efpé-
rance qu'il fe livre à cette efpèce de Commerce, pendant que le Fermier donne tout fon temps à l'Agriculture.

Il s'établit donc un lien de néceffité & d'intérêt, par
la nature même de la chofe, entre le Fermier, le Marchand & celui qui a befoin. Ces relations fubfiftent tant
qu'aucun obftacle étranger ne vient les intervertir ; &
cela doit, être puifqu'elles prennent leur fource dans la
Société, & remontent auffi haut que la Société même.
Voilà la nature & les principes du Commerce. Quels
font fes effets ?

D'augmenter le nombre des marchands, qui calculeront
leurs intérêts, d'après les gains qu'ils auront vû faire,
d'encourager l'agriculture, qui tire de fa denrée de
nouveaux moyens de jouiffance, de former enfin une
concurrence qui établit un équilibre entre le vendeur
& l'acheteur. Lorfque le nombre des marchands arrive
à cette proportion ; les denrées font à leur jufte prix.
C'eft donc de la concurrence des marchands qu'on peut
attendre cette efpèce de fixation qui s'établit entre la denrée & le prix. C'eft ce qui en prévient les hauffes, les
baiffes, tant que l'action de cette concurrence n'eft pas
interrompue. La denrée devient ainfi un peu plus chère
dans les pays d'où on la tire, pendant qu'elle baiffe dans

celui où on la fait réfluer. Mais le premier s'en dédom-
mage par le prix qu'il en reçoit, par l'équilibre général
qui s'établit dans tout le royaume. C'eſt un fleuve qui
ne connoit ni les ſechereſſes, ni les inondations ; ſes flots
roulent avec une majeſtueuſe abondance, tant que la ſource
d'où ils viennent n'eſt point détournée. Outre ces principes
généraux, il y a des raiſons plus particulières d'affirmer que
le commerce peut ſeul fournir aux approviſionnemens de
Paris. Ces motifs font tirés de ſa localité & de ſa population.

Paris eſt ſitué entre les greniers du Royaume ; ſa population offre aux marchands un débouché toujours aſſuré ;
& le marchand va toujours où il y a plus d'acheteurs ,
parce que la vente eſt plus certaine , & ſouvent plus
avantageuſe. Le marchand compte auſſi pour beaucoup
la certitude de reprendre , dans les grandes Villes où il
vend , des marchandiſes qui font un autre objet de
commerce. On peut donc regarder comme une vérité
démontrée, que le commerce ſeul en général, abſtraction
faite de toutes circonſtances , peut ſuffire à l'approvi-
ſionnement de Paris.

Doit-on procurer des moyens d'encouragement au commerce pour l'engager à approviſionner Paris abondamment?

Vous propoſer cette queſtion, Meſſieurs, c'eſt la ré-
ſoudre par l'unanimité des ſuffrages. Nous n'abuſerons donc
pas de vos momens, pour vous en démontrer l'utilité.
Chacun de vous ſent parfaitement que Paris peut en retirer
les plus grands avantages, & les procurer, dans l'occa-
ſion, à une grande partie du Royaume, dont il peut
devenir le magaſin, comme il en eſt la Capitale.

Maintenant, quels doivent être les moyens d'encouragement ?

Le moyen d'attirer le Marchand eft de lui offrir des Marchés gratuits ; car c'eft moins lui que la Ville qui profite de cet avantage. Il doit trouver auffi des magafins qui s'ouvrent gratuitement ; fans quoi il craindroit de fe jetter dans des frais trop confidérables, en s'expofant à vendre à trop bas prix, ou à remporter fa denrée, ou à perdre en payant l'emmagafinement. Ce feroit nuire à la concurrence du Commerce ; ce feroit l'attaquer dans fon intérêt. Il paroît donc convenable & utile d'accorder gratuitement des Marchés & des Magafins aux Marchands de Bleds & Farines.

Il ne fuffit pas, pour le Marchand, de trouver des Marchés & Magafins gratuits ; il faut qu'il foit fans inquiétude pour fa denrée.

La Municipalité eft l'œil de la Commune ; c'eft une fentinelle vigilante établie entre les Citoyens & leur fûreté. Elle doit furveiller leurs intérêts les plus chers, les plus urgens ; ceux où la moindre faute, la moindre négligence occafionneroit des maux incalculables. Comme elle doit donner les encouragemens & les facilites au Commerce ; nous croyons que, pour l'intérêt de tous, elle feroit bien d'affûrer aux Marchands, en cas de dilapidation ou incendie, le prix des denrées qu'ils auroient confiées à la foi publique. Vos Commiffaires ont penfé que cet encouragement étoit jufte, parce que la Municipalité difpofe des forces réprimantes & préfervatives de toutes les propriétés ; parce que c'eft une des mefures les plus efficaces pour infpirer la plus haute confiance au Commerce.

Vos Commiſſaires eſtiment donc que la Municipalité doit aſſûrer l'entrée, le dépôt & la ſortie des Bleds.

Indépendamment de tous les moyens d'encouragement, doit-on s'occuper de moyens de prévoyance pour les circonſtances où le Commerce ne fournira pas ſuffiſamment?

Voilà encore une des queſtions que ſe font faites vos Commiſſaires.

Il eſt bien établi que le Commerce ſeul peut alimenter Paris; mais il faut que le Commerce ne reçoive point d'entraves, que ſon action ſoit entière & jamais n'éprouve d'obſtacles, que ceux qui dérivent de la nature des choſes.

Chaque année qui s'eſt écoulée depuis la régénération Françaiſe, a mis un ſiécle entre nous & les temps qui l'ont précédée; mais, quoique le Gouvernement ſoit changé, nous voyons avec douleur que la circulation intérieure n'eſt pas encore bien établie; elle reçoit, de temps en temps, des atteintes occaſionnées par des allarmes qui ne ceſſeront que lorſque le peuple ſera plus éclairé ſur ſes véritables intérèts; lorſque les principes ſur le Commerce ſeront plus généralement connus. Il faut les étayer d'une force impoſante; & votre opinion manifeſtée publiquement, appuyée de toutes les lumières que vous avez cherchées, ne contribuera pas pue à renverſer des préjugés funeſtes à la circulation.

En attendant, vos Commiſſaires ont penſé, que, dans les circonſtances actuelles, il étoit prudent de prendre des précautions particulières, pour ne pas expoſer l'exiſtence d'une population nombreuſe. Ils ont ſenti la néceſſité de trouver des moyens intermédiaires , pour ne pas passer trop subitement de l'état actuel à un nouveau.

Tous ceux qui ont écrit pour la liberté du Commerce ont eu la même opinion ; ils n'ont varié que sur les mesures à prendre.

Quelles sont ces mesures ? C'est ce dont nous allons vous entretenir.

Dans la supposition d'un approvisionnement fait par la Municipalité, la Commune auroit plusieurs espèces de sacrifices à faire ; cet approvisionnement exige des capitaux dont les intérêts sont perdus ; il entraîne des frais considérables d'administration & de manutention ; il produit une perte inévitable sur les achats & les reventes, des infidélités nombreuses & beaucoup d'avaries ; de manière que le résultat d'un approvisionnement municipal sera toujours une somme considérable à imposer sur la Commune.

Comme il paroît cependant convenable d'établir un approvisionnement, voyons s'il ne seroit pas possible de l'obtenir du commerce lui-même. En lui faisant quelques avances, tous les inconvéniens que nous avons tracés disparoîtroient ; une seule condition resteroit à remplir, ce seroit la formation d'un capital pour faire ces avances : la Commune ne feroit qu'un seul sacrifice, la perte d'une partie de l'intérêt de ce capital.

Ces propositions ont conduit vos Commissaires à penser qu'il conviendroit à la Commune de Paris de former un capital de deux millions & demi au moins, pour être uniquement employé à faire des avances aux Commerçans qui voudroient déposer des farines dans les Magasins publics, aux conditions générales que nous allons établir.

Il y auroit deux efpéces de dépôts, l'un permanent, l'autre journalier.

Nous appellons dépôt permanent celui qui feroit fait en vertu d'une convention entre la Municipalité & le dépofant, par laquelle ce dernier s'obligeroit à laiffer pendant un an dans les Magafins publics la farine qu'il auroit dépofée ; il auroit la feule faculté de l'échanger pendant cet intervalle : cette renonciation, de la part du Commerçant, à difpofer de fa propriété pendant un an feroit un véritable facrifice de fa part ; mais auffi trouveroit-il une compenfation qui paroît fuffifante, par le prêt qu'il recevroit, fans intérêt, des deux tiers de la valeur des farines qu'il auroit dépofées. Avec la fomme avancée, il multiplieroit fes achats, il étendroit fes fpéculations, & accroîtroit l'abondance ; cette opération d'ailleurs ne fufpendroit qu'en apparence l'ufage de fa propriété, parce que rien ne l'empêcheroit de vendre fon dépôt en chargeant l'acquéreur d'en maintenir la durée ; de manière que ce dépôt n'auroit que l'apparence de l'inertie, puifqu'il pourroit entrer dans toute l'activité & la rapidité des opérations commerçiales.

Vos Commiffaires penfent qu'une fomme de 1,500,000 l. pourroit être employée à cette efpéce d'avance ; l'intérêt en feroit, il eft vrai, perdu pour la Commune ; mais elle obtiendroit l'avantage inappréciable d'établir dans fes murs un dépôt permanent de 40 à 50,000 facs de farine.

Outre ce dépôt permanent, il conviendroit d'en établir un journalier.

Dans ce dernier cas, la Commune prêteroit deux tiers de la valeur des farines qui feroient apportées dans fes

Magafins; mais les dépofans conferveroient la faculté de les retirer toutes les fois qu'ils fe préfenteroient, & comme il n'y auroit aucun facrifice de leur part, ils feroient tenus de payer l'intérêt du prêt qu'ils auroient reçû fur le pied de fix pour cent, taux ordinaire du Commerce. La Commune deftineroit un million à cette efpéce de prêt qui lui affûreroit, fans aucun facrifice, un approvifionnement journalier de 30 à 40,000 facs de farine.

Il eft facile d'appercevoir que les avances d'argent, dont on vous préfente la combinaifon, n'auroient aucun des inconvéniens du fyftême défaftreux des primes: ici nul privilège, mais un fimple encouragement dans le cas du prêt avec interêt, & une jufte compenfation de la condition de permanence du dépôt, dans le cas du prêt fans intérêt.

Vos Commiffaires, en approuvant unanimement le projet qui vient de vous être préfenté, fe font demandé fi la Commune, dans la fituation actuelle de fes finances, pourroit fe procurer un capital de deux millions & demi; mais ils fe font bientôt raffûrés fur les moyens nombreux de l'obtenir par la voie d'un emprunt autorifé par l'Affemblée nationale, garanti par la Commune entière, & affis par privilège fur la valeur des farines qui feroient dépofées dans les magafins publics. Ils ont même déterminé une importante mefure d'éxécution; elle confifteroit à féparer entièrement l'adminiftration de ce capital de celle du tréfor municipal; cette referve facrée à tant de titres, ne devroit point être expofée à fe confondre avec les dépenfes municipales, & le parti le plus convenable, le plus économique, à prendre à cet égard, feroit de la dépofer en compte courant à la caiffe defcompte, en obtenant de cet établiffement fi juftement accrédité qu'il recevroit ce dépot, à la charge de rendre annuellement un compte d'intérêts, de manière que les fonds inoccupés ne produififfent aucunes pertes pour la Commune.

Vos Commiffaires, Meffieurs, ne peuvent vous propofer aujourd'hui que les bafes générales d'un fyftême fur les fubfiftances de Paris; il faudra le completter par des règlements fur l'adminiftration & la police de cet important objet; il faudra déterminer les moyens d'exécution néceffaires pour établir des magafins à bled & à farine, & pour fe procurer un capital de deux millions & demi. Il faudra fur-tout que ces réglements confervent tous les moyens d'opérer les réformations que l'expérience pourra commander; c'eft le temps feul qui prononcera fur la fuffifance & l'utilité des mefures que vos Commiffaires vous préfentent; & ce fera le temps auffi qui indiquera les meilleurs moyens d'en affurer le fuccès.

Voici le projet d'arrêté que nous avons l'honneur de vous foumettre :

LE CONSEIL GÉNÉRAL de la Commune de Paris, après avoir mûrement délibéré fur les mémoires inftruclifs qui lui ont été adreffés par plufieurs Citoyens;

Après avoir entendu fes Commiffaires; oüi le premier Subftitut-Adjoint du Procureur de la Commune;

Confidérant que le fyftême qui laifferoit entre les mains de la Municipalité le foin de pourvoir aux Subfiftances de

Paris, préfente les inconvéniens les plus graves ; qu'il décourage & même anéantit le Commerce par une concurrence fans égalité ; & que par-là ; font taries les véritables fources de l'abondance que le feul Commerce peut entretenir ;

Que ce fyftéme paroît peu compatible avec les principes de la Conftitution municipale, puifqu'il remet à des Adminiftrateurs temporaires une fuite d'opérations difficiles & compliquées, qui toujours échapperoient de leurs mains, pour tomber dans celle d'une multitude de Subalternes & d'Agens fans refponfabilité ;

Que de telles fonctions expofent les Officiers municipaux à perdre la confiance de leurs Commettans, parce qu'il eft trop facile d'agiter & d'inquiéter le Peuple par des délations calomnieufes fur l'objet des Subfiftances ;

Que les Approvifionnemens publics entraînent toujours de grands facrifices & des pertes inévitables, fur les achats, fur la garde & fur la vente ; que ces pertes réunies aux frais d'Adminiftration & de manutention ne peuvent être remplies que par des Contributions levées fur la Commune ; que conféquemment une telle Adminiftration eft un véritable impôt, d'autant plus dangereux qu'il eft indéfini ; que ce fyftême, né des habitudes de l'ancien régime & des premiers défordres de la Révolution, feroit avantageufement remplacé par le Commerce, abandonné à toute fa liberté ; que la Capitale entourée des pays les plus fertiles en Bleds, & favorifée d'une grande & facile navigation, peut devenir le plus grand marché du Royaume, lorfque le Commerce y trouvera protection & liberté ;

Que cette époque heureufe n'étant peut-être pas éloignée, il fembleroit naturel & convenable d'abandonner l'Approvifionnement de Paris aux foins, à l'activité & à l'intérêt du Commerce feul, fous la fimple furveillance de la Municipalité ; mais qu'un tel parti ne feroit pas exempt de danger, dans le paffage trop rapide de l'état actuel à un état futur ; & que fur un objet qui intéreffe la Subfiftance & le repos d'une population immenfe, il n'eft pas permis de rien hafarder ;

Que pour s'affûrer d'obtenir l'abondance par le Commerce, il conviendroit de lui donner tous les encouragemens qui font au pouvoir de la Commune, en protégeant la circulation des Subfiftances fur fon territoire, par toute l'énergie de la Loi & de la force armée, en en garantiffant la propriété contre tous défordres publics, en offrant au Commerce des magafins gratuits, en prêtant fans intérêt fur des dépôts permanens de Farines ; & en prêtant en outre avec intérêts fur des dépôts journaliers ;

Déclare & arrête ce qui fuit :

I. Les Subfiftances de toute nature, leur entrée, leur fortie & leur circulation fur le territoire de la Commune de Paris, font fous la protection de la Loi & de toute la force publique.

II. Tous dommages & pertes fur des Grains ou Farines, qui feroient occafionnés par des défordres publics, exercés fur le territoire de la Commune de Paris, feront remboursés aux propriétaires, après avoir été dûment conftatés. Les remboursemens feront faits des deniers de la Commune, & les fonds néceffaires pour acquitter cette obligation, feront obtenus par une répartition fur tous Citoyens, au *prorata* des impofitions foncière & mobilière.

III. Il fera formé à Paris de vaſtes Magaſins à Bleds & à Farines, dans leſquels feront reçus, gratuitement, tous les dépôts appartenans à tous regnicoles ou étrangers, à la charge feulement d'exercer par eux-mêmes tous les foins de conſervation, d'en ſupporter les frais, ainſi que ceux d'entrée & de fortie defdits magaſins.

IV. La Commune de Paris préſentera une Adreſſe à l'Aſſemblée Nationale, pour être autoriſée à faire un emprunt de deux millions & demi. Cette ſomme fera excluſivement deſtinée à être prêtée à titre d'avance aux Commerçans, qui dépoferont des Farines dans les Magaſins publics. Les intérêts de cet emprunt feront mis au nombre des dépenſes municipales ordinaires.

V. Sur cette ſomme de deux millions & demi, il fera deſtiné celle de 1,500,000 l. pour être prêtée, fans intérêt, à raiſon des deux tiers de la valeur, à toutes perfonnes qui remettront des Farines dans les magaſins publics, fous la condition de les laiſſer en dépôt pendant un an, avec la faculté néanmoins de pouvoir retirer tout ou partie des dépôts avant l'expiration, mais par échange feulement, & en remplaçant les portions retirées par des dépôts de pareille quantité.

VI. La ſomme d'un million reſtante fera deſtinée à être prêtée avec intérêt de 6 pour 100, à raiſon des deux tiers de la valeur, à toutes perfonnes qui remettront des Farines dans les magaſins publics, à titre de depôt journalier, c'eſt-à-dire, avec la faculté de les retirer à leur volonté.

VII. Dans tous les cas de dépôt permanent ou journalier, les propriétaires feront tenus des foins & des frais de conſervation de leur dépôt, ainſi que des frais d'entrée & de fortie.

VIII. Aucun dépôt ne pourra être retiré, que préalablement le payement des sommes prêtées, ainsi que des intérêts, lorsqu'ils auront lieu, n'ait été effectué.

IX. Le Conseil général charge le Corps Municipal de s'occuper inceffamment de l'exécution du présent Arrêté, qui sera présenté au Département, pour avoir son approbation.

X. Le Corps Municipal est chargé en outre de dreffer les divers Réglemens d'Adminiftration & de Police, qui feront nécessaires pour l'exécution du présent Arrêté, & de les préfenter au Conseil général.

XI. Enfin, le Corps Municipal eft chargé de rédiger une Inftruction aux Citoyens de Paris, d'y énoncer les motifs du présent Arrêté, d'y rappeller les principes du droit naturel & les principes de la Loi pofitive, qui proclament & protègent la liberté du Commerce ; liberté qui, étayée d'encouragemens, doit affürer à la capitale l'abondance des fubfiftances, & faire difparoître toutes inquiétudes à cet égard.

Telles font, Meffieurs, les idées que vos Commiffaires ont cru devoir vous propofer. Ils s'eftimeront heureux, fi leurs vues & leurs travaux peuvent contribuer au bonheur du Peuple. C'eft votre vœu le plus cher, c'eft là que tendent tous vos foins. Puiffions-nous avoir réuffi ! Ce fera pour nous la plus douce des récompenfes.

Certifié conforme à l'Original dépofé au Secrétariat.

R O Y E R , Secrétaire-Greffier-Adjoint.

De l'Imprimerie de Lottin l'aîné, & J.-R. Lottin, Imprimeurs de la MUNICIPALITÉ, rue S-.André-des-Arcs, N° 17

www.ingramcontent.com/pod-product-compliance
Lightning Source LLC
Chambersburg PA
CBHW060733280326
41933CB00013B/2620